LE TRAVAIL

323. — Abbeville. — Typ. et stér. Gustave Retaux.

LE
TRAVAIL

LOI DE LA VIE

ET DE L'ÉDUCATION

PAR

LE R. P. FÉLIX
De la compagnie de Jésus,
Prédicateur des Conférences de Notre-Dame.

PARIS
C. DILLET, LIBRAIRE-ÉDITEUR
15, RUE DE SÈVRES, 15

1877

PRÉFACE

Il n'y a rien, dans l'ordre des choses humaines, de plus nécessaire, de plus décisif et de plus fécond que ce que nous désignons par ce mot : le *travail.*

Comprendre et pratiquer, jeune encore, la grande loi du travail, selon le cours ordinaire des choses, c'est décider l'avenir et fixer la destinée; c'est assurer dans ses premiers jours la fécondité de tous ses jours ; c'est ouvrir dans la vie qui commence les sources profondes et larges d'où sortent les grandes choses, dont l'éclat doit rejaillir sur la vie tout entière.

La paresse, au contraire, verse sur l'homme des maux incalculables. Elle blesse son enfance, elle flétrit sa jeunesse, elle brise sa virilité, elle attache à toutes ses puissances le déshonneur de la stérilité. C'est que le travail est sur la terre la suprême fonction de l'homme, et toute sa vie dépend de la manière dont il sait l'accomplir.

Et cependant, quand on suit d'un œil attentif le mouvement des choses et l'agitation du monde, rien n'apparaît dans l'humanité moins apprécié et moins compris que le travail. La vie des hommes, enchaînée au travail, se révèle partout comme une fuite du travail; et l'on dirait que l'on ne consent à l'embrasser, que pour mieux arriver à se débarrasser de lui.

L'enfant, incliné à la paresse, éprouve pour le travail une répulsion native. Il s'y soumet au collége, mais comme à un joug que la nécessité impose à sa jeunesse. Tout au plus il l'accepte comme un âpre instrument destiné à lui ouvrir les portes de la science, qui, elle-même, plus tard, lui ouvrira l'avenir. Il voit dans le travail une condition de savoir, non un élément d'éducation; il travaille pour devenir savant, non pour devenir un homme; le travail n'est pour lui ni une formation, ni une fonction de la vie. Et souvent, par delà les jours laborieux des épreuves littéraires ou scientifiques, le jeune homme entrevoit de longs jours inoccupés, où le *rien faire* lui apparaît comme un idéal de félicité.

Et en ceci l'erreur des jeunes gens n'est pas autre que l'erreur des hommes faits. Presque nulle part, même dans l'âge mûr, je ne rencontre le travail accompli comme une fonction. On fait du travail un moyen de profit et un ressort de fortune; où sont ceux qui en font un moyen de perfection et un ressort de vertu? On travaille pour s'élever, on travaille pour jouir, on ne travaille pas pour devenir meilleur en faisant son devoir. Pour la très-grande majorité des hommes le travail n'est qu'une préparation de loisir; c'est un effort pour arriver à ne plus travailler. On se fatigue et on s'agite dix ans, pour se reposer, j'allais dire pour s'ennuyer vingt ans; si bien, que l'agitation et la fatigue humaine ne sont qu'une conspiration contre le travail, où le travail se trahit et conspire contre lui-même.

Une erreur pratique si universelle, portant sur un point si capital, est un désordre immense ; et ce désordre, en se propageant, enfante pour l'individu, la famille et la société, des désastres que l'on ne peut énumérer ici, mais dont le tableau vivant serait, pour l'écrivain qui sonderait cette plaie humaine, le sujet d'un livre aussi utile qu'intéressant. Nous serions trop heureux si ces quelques pages inspiraient à un homme ce généreux dessein, et peut-être un jour la Providence nous donnera-t-elle de l'essayer.

Ce sujet, d'ailleurs de sa nature si plein d'un intérêt pratique, prend, aux temps où nous sommes, un intérêt actuel et une utilité spéciale. Nous voudrions vainement nous le dissimuler, nos générations tournent à la mollesse. Un je ne sais quoi, qui est dans l'air qu'on respire, détend les ressorts de l'âme, abaisse les caractères et diminue les hommes. Tout le mouvement qui nous emporte tend à supprimer l'effort ; et l'on ne s'aperçoit pas que supprimer l'effort de l'homme, c'est affaiblir l'énergie humaine. Le siècle veut en toutes choses retrancher la difficulté, c'est-à-dire l'essence même du travail, et le facile partout est devenu populaire. Je n'entends parler que de science facile, de littérature facile, de philosophie facile, de méthodes et de procédés faciles ! Et tandis qu'emportée par le vent qui souffle sur cette route du facile, la jeunesse court à sa propre dégradation et va perdant chaque jour sa vigueur et son énergie, le sensualisme de son côté, par les séductions du luxe, les charmes du plaisir et les prodiges du confortable, attaque au sein des générations les sources de la force et les puissances de la vie.

Aussi, comme on devait s'y attendre, l'éducation toujours plus ou moins pénétrée de l'atmosphère contemporaine perd de sa vigueur généreuse et de son austérité salutaire : amollie au contact du siècle, elle forme des générations qui lui ressemblent. L'enfant, formé au foyer domestique à des habitudes énervantes, apporte d'ordinaire au collége une horreur du travail et une impuissance à l'effort, qui devient une difficulté presqu'insurmontable au façonnement de l'âme, à la trempe du caractère, en un mot, à la *formation de l'homme*. Des pères et des mères se rencontrent pris de ce mal du temps, qui redoutent pour l'enfance le nerf de la discipline, l'aiguillon du courage et le joug du travail ; et cette faiblesse des parents, conspirant avec la mollesse des enfants, suscite à l'éducation des obstacles qui déconcertent quelquefois, dans les maîtres les plus habiles et les plus dévoués, l'art d'élever des enfants et de former des hommes.

Certes, ce mal est grand, plus grand qu'on ne peut dire ; car si l'éducation continue de former des générations amollies, celles-ci en formeront d'autres plus amollies encore; et l'on n'ose se demander où aboutirait cet énervement progressif de notre race.

A ce mal profond il y a un remède : *faire de la force*, en retrempant la vie dans son véritable élément; or, le véritable élément de notre vie actuelle, c'est le travail. A guérir ce mal, lui seul, sans doute, ne suffit pas, mais sans lui rien ne suffit.

Nous voudrions que les pensées qu'on va lire pussent provoquer dans les âmes viriles une réaction courageuse contre ces molles tendances qui épuisent la vie, tuent l'éducation et préparent à la société des hommes sans énergie et des femmes sans dévouement. Ce désir de bien faire nous tiendra lieu du bien dire, et ce sera notre excuse auprès du lecteur. Prononcées soudainement dans une circonstance particulière, et, si je puis le dire, en famille, ces paroles ne voulaient avoir d'autre écho que ceux de l'étroite enceinte où elles retentissaient au cœur de quatre cents jeunes gens environnés de leurs familles. Elles n'ont rien, en effet, qui les autorise à retentir jusqu'au public. Ce discours n'est pas de ceux qui portent dans leur perfection la garantie de ses suffrages; et si l'auteur n'eût consulté que l'idée qu'il s'en fait, il n'eût demandé pour lui qu'un légitime oubli. En le laissant imprimer malgré son imperfection, il a suivi d'autres inspirations et cédé à des conseils mieux autorisés que les sions. Les pères et les mères, dont le cœur intelligent de ce qui est bon à leurs enfants comprend d'instinct ce qui les peut servir, ont pressenti dans la pratique de cet enseignement une garantie pour leur avenir, et ils ont demandé que la parole écrite pût graver dans ces jeunes âmes une conviction réfléchie que le discours parlé n'a pas la puissance de produire. A ce désir des parents se joignait celui des maîtres, qui trouvaient dans la parole d'un frère une expression de leur pensée et une voix de leur cœur ; et le vœu de l'apostolat répondait au vœu de la paternité. J'ai dû céder à des vœux deux fois chers.

C'était aussi, je l'avoue, céder au penchant de mon cœur, incliné à tout ce qui peut faire du bien aux jeunes gens, que j'aime. En parlant à un petit nombre, je songeais à tous, et à ceux-là surtout dont la sympathie me suit et me soutient à Notre-Dame dans un difficile apostolat. Ce discours leur appartient avec tous ceux que Dieu tire de mon cœur tout exprès pour eux. Il leur revient comme une propriété qui veut tourner à leur profit. Puissent-ils l'accueillir comme un ami sacré qui vient à eux pour les encourager, les affermir, les consoler !... Et puisse-t-il lui-même leur être un viatique fortifiant dans ce rude chemin de la vie, où nous marchons au bonheur dans la souffrance, au triomphe dans la lutte, et au repos dans le travail !

J. FÉLIX, *Soc. Jés.*

Paris, le 21 octobre 1856.

LE TRAVAIL

LOI DE LA VIE ET DE L'ÉDUCATION

Discours prononcé à la Distribution des prix
du Collége Saint-François Xavier, à Vienne, le 18 août 1856.

MES CHERS ENFANTS,

Ce n'est pas sans éprouver une vive émotion que je viens jeter à l'imprévu, dans cette solennité, une parole que vous n'attendiez pas, et que j'ai lieu de croire trop peu digne de cette honorable et brillante assemblée. Mais, au milieu de ma légitime défiance, deux choses me rassurent : votre bienveillance pour moi, et ma sympathie pour vous. Déjà nos âmes se connaissent et nos cœurs se sont compris, et, bien que sans fonctions régulières dans cette maison, sans titre, par conséquent, pour paraître à l'heure et à l'endroit où je suis, je ne me sens pas un étranger venant parler à des inconnus.

En voyant ces couronnes qui vous sont préparées, j'associe mon cœur à tout ce qui remplit vos cœurs; je me prends à jouir de votre bonheur, de vos tressaillements, de vos espérances; et ces palmes, qui sont pour vous des couronnes d'honneur, me deviennent, ainsi qu'à vos mères, des couronnes de joie.

Or, chers enfants, voulez-vous savoir ce qui rend à nos yeux ces couronnes si belles, ces palmes si précieuses? C'est que, nous apparaissant comme le fruit de l'effort et la moisson du travail, elles nous disent qu'encore au début de la vie, déjà vous avez compris cette grande *loi* de votre vie: *l'homme naît pour travailler*.

Mais ce qui nous les fera poser sur vos fronts avec un redoublement de bonheur apostolique et de paternelle joie, c'est que sous leur gracieuse image elles nous représentent ce trésor que vous préparent ici chaque jour la paternité et l'apostolat, l'inappréciable trésor de votre *éducation*, qui doit être, elle aussi, un fruit généreux du travail et de l'effort.

Car, remarquez-le bien, chers enfants, dans la formation de ce grand ouvrage, vos pères ne sont pas seuls : à vous il appartient de l'accomplir avec eux. Nous sommes par notre apostolat les coopérateurs de Dieu ; vous devez être par votre travail les coopérateurs de notre apostolat. Entre le travail de l'enfant et l'éducation de l'homme il y a une relation si intime, une union si profonde, qu'on ne peut supprimer le travail sans supprimer l'éducation. Le travail est un élément de l'éducation de l'homme, parce qu'il est une loi de la vie humaine. C'est à ce seul titre que je viens vous en demander au nom de vos pères et de vos mères, l'acceptation courageuse et la résolution féconde.

Je pourrais vous la demander à d'autres

titres encore : je ne le ferai pas. Me plaçant tout à la fois et au point de vue général de toute vie humaine, et au point de vue spécial de votre situation présente, je me contente de vous dire, vous voulez devenir des hommes, travaillez ; le travail est la *loi de l'homme.*

Ce qui doit faire de vous des hommes, c'est votre éducation ; travaillez, le travail est la *loi de l'éducation.*

C'est ce que j'entreprends de montrer dans ce discours, qui veut être comme un complément du court apostolat que la Providence m'a fait près de vous. Puisse Notre-Seigneur bénir ces paroles qui vont sortir de mon âme pour aller à la vôtre, et leur accorder l'efficacité qu'il donne à la parole des apôtres !

Parmi les notions élémentaires et les idées conservatrices qui ont subi, au contact de l'erreur contemporaine, des atteintes profondes, il n'en est pas qui aient été plus radicalement altérées que la notion et l'idée du travail. Ce discours, qui veut porter dans vos âmes une lumière et y produire un fruit, pourrait n'être qu'une énigme sans intelligence et une tentative sans résultat, s'il ne vous disait tout d'abord, pour s'illuminer lui-même, ce qu'il faut entendre par ce mot qui le résume tout entier, le *travail*.

On confond trop, dans l'usage du discours et dans la pratique de la vie, l'action de l'homme et son travail ; et pourtant, il s'en faut bien qu'agir et travailler soient choses identiques. Tout travail est une action, mais toute action n'est pas un travail. Il y a un *faire* que comporte la paresse, il y a une action qui ne travaille pas ; et le monde est plein de gens qui usent dans une action paresseuse une vie qui ne produit rien.

Qu'est-ce donc que le travail ? Le travail, dans sa notion la plus simple, c'est l'effort de l'homme contre l'obstacle, c'est la lutte contre la difficulté. Quand l'homme veut faire de ses puissances un usage fécond, il trouve dans sa nature une force hostile au déploiement de ses facultés ; et devant toute grande et belle chose, son action sent une barrière qui l'arrête ; travailler, c'est vaincre cette force, c'est briser cette barrière. Le travail, c'est l'homme qui marche, l'homme qui agit, l'homme qui produit, mais la fatigue aux membres, la sueur au front, si ce n'est la tristesse au cœur. Donc, le travail, c'est la peine ; le travail, c'est l'action, plus la douleur ; c'est la douleur même.

Ceci nous explique pourquoi, dans les langues humaines, souvent les mêmes mots expriment le travail et la douleur. Dans la langue romaine, si philosophique toujours et aujourd'hui si chrétienne, le mot *labor* est tout à la fois le signe de l'action et le signe de la douleur. C'est qu'en effet, dans la réalité de la vie, travail et douleur ne sont pas deux choses, mais une. Le travail, je le sais, produit des joies qu'ignore la paresse, comme le sacrifice, des joies ignorées de l'égoïsme ; mais si la joie en peut sortir, elle ne le constitue pas; le bonheur est fruit du travail, il n'est pas le travail lui-même.

Telle est, en dehors de tout système, l'impérissable idée du travail humain ; ni les philosophies, ni les révolutions ne la changeront pas.

Or, chers enfants, vous essayeriez en vain de vous le dissimuler, le travail, tel que nous venons de le définir, est la loi de votre vie ; il en est le devoir souverain, la fonction indéclinable. Le travail est roi dans l'humanité, et il la possède si souverainement, qu'elle ne le peut répudier sans s'abdiquer elle-même. Dieu, la nature et l'histoire s'accordent à proclamer cette souveraineté absolue de la loi du travail.

La religion, qui ouvre si divinement les mystères de la nature, nous montre le travail près du berceau du genre humain,

sortant d'une prévarication de l'homme et d'une malédiction de Dieu.

Transportez-vous, avec votre jeune imagination, sous le ciel sans nuages et dans la pure atmosphère de l'Éden primitif, alors que la nature, avec toutes ses voix, n'était qu'une musique universelle, et la terre, avec tous ses spectacles, un perpétuel sourire. Là, l'homme apparaît couvert d'innocence, de justice, de force et de beauté ; nature virginale enveloppée de grâce comme d'un vêtement divin ; autour de lui la création déploie un paradis de voluptés, et le convie à tous ses festins !...

Pourquoi l'homme est-il là ? Il est là pour déployer, dans une spontanéité heureuse, l'activité de toutes ses puissances ; il est là pour toucher de son action royale cette nature que Dieu a soumise à son sceptre. Mais alors l'action n'était pas le travail ; le travail n'était pas né. Agir pour le Roi de la création, c'était laisser sa nature bonne s'épanouir sous les regards de

Dieu comme une fleur au soleil; son action, en se déployant, engendrait le plaisir; et le plaisir, à son tour, provoquait à l'action. Cette action n'était pas une lutte contre une nature qui n'avait pas d'obstacles; c'était une expansion vers une nature qui n'avait que des charmes. La création entière était une harmonie; et les harmonies de l'homme répondaient, en la complétant, à l'harmonie de la création. L'ordre était partout.

Mais au sein de toutes ces harmonies qui faisaient le concert du monde, le désordre allait tomber: dans la nature humaine, et dans l'action de l'homme une révolution allait se faire. L'homme a brisé de sa main la chaîne divine qui le rattachait au Créateur, et avec lui la nature soumise à sa souveraineté.

Adam a péché, la première iniquité a touché la terre; la terre, à ce premier contact du mal, a tressailli d'un tressaillement profond; et tandis que, par le contrecoup de cette chute, le trouble se fait aux profondeurs de l'homme comme aux profondeurs de la nature, Dieu vient trouver ce souverain déchu, et il proclame dans une parole dont l'écho ne se taira plus, le châtiment de l'homme et la loi de sa vie. Et Dieu dit à Adam : « Parce que tu as « mangé le fruit de l'arbre auquel je t'avais « défendu de toucher, la terre sera mau- « dite sous ta main ; et le travail seul en « arrachera l'aliment de ta vie. Cette terre « qui se couvrait pour toi et de fleurs et « de fruits n'étalera plus sous tes yeux que « la fécondité des ronces et des épines. Tu « mangeras ton pain à la sueur de ton « front, jusqu'à ce que tu retournes en la « terre, dont tu es sorti (1). »

Tel est l'arrêt irrévocable qui fait à l'homme une vie et une loi nouvelles. Héritiers de votre père, acceptez l'héritage que sa prévarication vous fait ; courbez la tête, et un moment recueillez-vous, pour méditer le mystère de la destinée et peser

(1) Gen. III (17-19).

le fardeau que cette parole a fait tomber sur vous.

Vous l'avez entendu ; désormais l'action de l'homme sera laborieuse, *in laboribus comedes ex ea.* Seul, le travail le mettra au monde ; fils du travail, il naîtra pour travailler ; il mangera son pain à la sueur de son front ; il travaillera ou il mourra.

O homme, regarde cette terre qui hier encore épandait sous ta main sa fécondité libérale : si tu ne travailles désormais à arracher de son sillon ingrat l'aliment qui doit nourrir ton corps ; l'arrêt en est porté : tu mourras *physiquement*.

O homme, regarde les ténèbres que ta révolte vient d'amasser aux abîmes de ton âme : si tu ne travailles pour disputer à l'erreur l'aliment de ton intelligence, la vérité ; l'arrêt en est porté : tu mourras *intellectuellement*.

O homme, écoute le cri de révolte que les passions poussent du fond de toi-même ; si tu ne travailles pour défendre contre leur fureur l'aliment qui doit nourrir ton cœur, la vertu ; l'arrêt en est porté : tu mourras *moralement.*

Et maintenant, va, travailleur fatigué, sillonner en tous sens la terre, ton âme et ton cœur. Partout où ton travail n'aura pas passé, ce sera la stérilité. Tout ce qui sortira désormais de la terre et de toi, sera le fruit de ton travail et de ta douleur. En vain on essayera de t'arracher à l'empire de cette loi ; c'est fini, je l'ai dit : *le travail est à jamais !...*

Et l'homme s'en alla, emportant dans l'anathème héréditaire l'inévitable loi de sa postérité.

Vous le voyez, Dieu lui-même proclame comme condition de la vie humaine le travail de l'homme ; il en montre la définition et la loi dans des images divinement populaires, qui ne permettront pas plus à la pensée de l'homme d'en détruire la notion, qu'à son vouloir d'en supprimer l'empire. Et si la postérité d'Adam vient à oublier un jour l'obligation et la notion du travail, pour en retrouver l'idée et en reconnaître la souveraineté elle n'aura qu'à se souvenir et de la parole que Dieu a dite à son père, et de l'image qu'il a gravée sur son berceau.

Mais, ni cette parole ni cette image, la postérité d'Adam n'a pu l'oublier. Partout et toujours la nature humaine a gardé, avec cet immortel souvenir, l'instinct invincible de cette loi descendue sur elle dans la prévarication paternelle et la malédiction divine. Malgré les tentatives perpétuellement renouvelées pour l'arracher à l'empire de la loi du travail, l'humanité en porte à travers les siècles la conviction indéracinable.

A certaines époques de grande perturbation, des novateurs viennent pour exploiter au profit de leur égoïsme le travail de l'homme et sa douleur; et le retrouvant encore dans ses jours pleins d'ardeurs, travaillant la sueur au front, comme un moissonneur au soleil, ils disent dans l'hypocrisie d'une pitié menteuse : « Quoi, après six mille ans, l'homme « toujours dans le travail et son travail « toujours dans la douleur ! Assez long- « temps une civilisation cruelle, et une « religion lugubre se sont unies pour don- « ner au travail douloureux la consécra- « tion de la terre et du ciel. Ce fantôme « gémissant, nous allons l'anéantir : nous « allons faire que pour l'homme, *jouir* et « *travailler* ne soient qu'une seule chose. » Ainsi ont dit des réformateurs contempo- rains, jaloux de substituer à la réalité des siècles le monde imaginaire créé par leurs systèmes.

Nier complétement la loi du travail eût paru trop absurbe. Il est évident que pour que l'humanité vive il faut qu'elle pro- duise; et pour qu'elle produise, il faut qu'elle travaille. On proclame donc de nos jours la loi impérieuse du travail ; que dis-je ? on l'exagère dans les théories qui jettent à la nature de l'homme des défis insolents. On demande que toute hiérarchie s'effaçant devant l'idéal d'une société impossible, tout homme devienne un ouvrier, le monde entier un atelier, et toutes ses richesses un festin où chacun n'ait le droit de consommer que dans la mesure où il produit, c'est-à-dire dans la mesure où il travaille.

Mais parce qu'il est impossible que les hommes en masse répondent à des appels qui les convoquent à la douleur, on promet sous le nom de travail une action sans efforts, d'où l'attraction et l'harmonie chasseront la souffrance.

Ainsi, ne pouvant supprimer le travail, les novateurs ont rêvé de le transformer. Ils ont annoncé que bientôt, par le prodige d'une éducation nouvelle et d'une civilisation inouïe, sous le charme mystérieux du travail attrayant, l'homme laissera aller ses bras au plaisir de déchirer la terre ; à peu près comme un artiste promène ses doigts sur un clavecin, et, sans fatigue pour lui-même, crée, pour l'oreille qui en écoute le jeu, les joies de l'harmonie.

C'était, en construisant pour l'avenir la société des travailleurs, couper au sein de l'humanité la racine même du travail. C'était, sous le nom de travail organisé, promettre au peuple l'organisation de la paresse...

Tel fut le souffle du siècle ; souffle énervant et sensuel, qui a pénétré jusqu'au fond des colléges et des pensionnats, inspirant à la jeunesse la passion d'un travail qui ne serait que l'*amusement*, c'est-à-dire d'un travail qui ne serait plus le travail.

L'humanité un moment écoute avec un étonnement douloureux ces révélateurs nouveaux. Mais bientôt le dédain succède à l'étonnement, et souriant d'un mélancolique sourire au passage de l'erreur elle se penche sous sa loi, et elle dit en secouant la tête : « Ces hommes se moquent « de moi !... Depuis les premiers jours de « ma vie déjà soixante fois séculaire, je « me traîne encore plus que je ne marche « dans une fatigue qui ne finit jamais que « pour recommencer toujours. Telle fut « la loi de ma jeunesse : Vivre dans le

« travail et travailler dans la fatigue, *in* « *laboribus a juventute mea*. Aujourd'hui, « comme il y a soixante siècles, pour que « je vive en la terre de mon exil, il faut « que la semence qui tombe de ma main « germe et fructifie dans la sueur qui « tombe de mon front. Depuis six mille « ans, en moi et autour de moi, que de « choses ont changé ! Mes idées ont « changé, mes mœurs ont changé, mes « institutions ont changé, tout a changé. « Mais dans cette perpétuité de mes in- « évitables changements, il y a une chose « qui n'a pu changer, et qui s'attache à « mon être comme une fatalité de ma vie, « le travail douloureux. Et j'entends dire « que bientôt *travailler* ne sera plus que « *jouir !* Ah ! laissez passer ces chercheurs « de la chimère !... je sens la réalité qui « se remue dans mon sein : je sens que « jusqu'au soir de ma longue vie, où Dieu « m'attend pour me donner mon salaire, « pour moi vivre c'est *travailler*, et tra- « vailler *souffrir !* »

Tel est dans la nature humaine l'écho universel de la proclamation primitive de la loi du travail retentissant de siècle en siècle et d'espace en espace ; écho véridique qui redit dans chacun ce qu'il redit de l'humanité entière, et fait de chaque homme un témoin vivant de cette royauté du travail, dont il atteste, par toutes les voix de sa nature et tous les instincts de sa vie, l'indestructible empire...

Mais l'attestation la plus victorieuse, la proclamation la plus éloquente de la loi du travail dans l'humanité, c'est le témoignage des faits, c'est la voix de l'histoire.

Si la nature de l'homme répond ici harmonieusement à la parole de Dieu, l'histoire répond à l'une et à l'autre avec une harmonie plus grande encore.

Voici, à notre point de vue, le vaste enseignement qui ressort du développement séculaire de l'action de l'homme sur la terre : dans ce qui est soumis à l'empire de sa liberté, l'homme crée tout par son travail.

Le règne de l'homme sur la nature physique est la conquête progressive du travail de ses mains ; et chaque force de la matière qu'il soumet à son sceptre, ne cède qu'à la violence que le travail lui fait. L'industrie, née de lui, ne marche qu'avec lui ; et le progrès matériel, dont se glorifie seul le génie de ce siècle, est plein de la sueur des siècles.

Or, ce que le travail fait dans l'ordre matériel, il le fait dans l'ordre artistique, littéraire et scientifique. Partout où se déploie, pour produire, l'énergie humaine, vous verrez les créations de l'homme sortant de ses douleurs fécondées par son travail ; et partout les chefs-d'œuvre de la pensée, de l'art, de la poésie, de l'éloquence, comme de l'industrie, recevant de la main du travail la consécrati[on] de l'immortalité. Le travail est dans l'ordre naturel le plus grand des thaumaturges ; c'est lui qui fait les miracles de l'homme.

Suivez sur la route des siècles ces vestiges éclatants qu'a laissés dans l'histoire l'élite de l'humanité : tout ce qu'il y a de grand, de fort, de beau, d'illustre, demande au travail la grandeur, la force, la beauté, l'illustration. Les créations du génie sont marquées à ce signe, auquel on reconnaît la postérité d'Adam et les œuvres de l'homme. Le souffle de l'inspiration les conçoit, et les conçoit avec bonheur ; seul le travail les enfante, et les enfante dans la douleur.

Voilà pourquoi le génie, dans la création de ses œuvres, est visité tour à tour par la joie et la douleur, l'enthousiasme et la mélancolie. Chaque cri d'admiration répond à l'un de ses soupirs ; plongé dans la souffrance encore plus que dans la vérité, il puise dans des abîmes d'angoisse la paternité de ses œuvres; et il peut dire en les regardant, comme une mère l'enfant qui lui renvoie avec son image le souvenir de sa souffrance : *vous êtes fils de mes douleurs*. C'est peut-être là le mystère de cette sympathie profonde que l'homme garde pour tout ce qu'il a produit. L'homme sent dans ses œuvres, avec le germe de sa vie, le tressaillement de ses douleurs.

Que ne m'est-il donné d'évoquer ici, devant vous, tous ces grands hommes qui ont fait violence à la gloire, et conquis l'immortalité. Tous vous apparaîtraient dans une splendeur austère, montrant, marqué sur leurs chefs-d'œuvre comme sur leur propre front, le signe authentique d'un travail douloureux.

Vous verriez l'immortel honneur de l'éloquence antique, Démosthène, luttant avec une énergie persévérante et des efforts prodigieux contre les obstacles d'une nature rebelle aux triomphes de la parole, Démosthène préparant, dans un silence fécond, ces foudres d'éloquence qui allaient éclater sur la tête de Philippe, et d'échos en échos porter à travers les âges un retentissement qui s'accroît avec les siècles.

Vous verriez Virgile, dont la poésie harmonieuse, pareille au chant du cygne, séduit les générations émues d'un charme qui ne sait pas tarir, Virgile, à son heure dernière, tenant en main son poëme, prêt à le déchirer, parce que, même après vingt ans d'un travail opiniâtre, il ne le trouvait pas encore assez digne de la postérité ni de lui.

Vous verriez Bossuet, qu'un auteur a bien nommé la plus grande parole de l'univers, Bossuet dont le génie sublime et vaste comme le vol de l'aigle, semble reculer les limites de l'éloquence humaine: vous le verriez, ce grand homme, dans sa solitude de Meaux, précéder de cinq heures le lever de l'aurore ; et là, seul avec son génie et Dieu, dans le commerce du labeur et de la méditation, créant ces chefs-d'œuvre qui montrent dans le souffle de l'inspiration le prodige de l'effort, et jusque dans les reflets du génie les vestiges du travail ; laissant douter les observateurs attentifs, si, dans ses créations incomparables, c'est le génie qui a surpassé le travail, ou si c'est le travail qui a surpassé le génie.

Vous verriez enfin, dans un autre ordre de choses, François-Xavier, et avec lui tous les apôtres qui se sont fait par le travail et la douleur une paternité féconde, conquérant une âme, comme Christophe Colomb un monde, dans les tribulations de la vie et les angoisses de la mort : ouvriers infatigables, qui ne moissonnent dans la joie qu'après avoir semé dans la douleur, et poursuivent, dans les sueurs du corps et les agonies de l'âme, cette œuvre du salut sortie de la sueur et de l'agonie d'un Dieu.

Telle nous apparaît dans l'histoire l'humanité réelle; telle je l'ai rencontrée partout et toujours, créant dans le travail et travaillant dans la fatigue.

Ah ! cette humanité, qui fait retentir dans l'histoire, au bruit de son travail, son anathème et sa loi, je la vois à l'orient et à l'occident, au midi et au septentrion, aujourd'hui, hier, demain et toujours, dans l'invariable attitude du travail douloureux. Je vois l'homme qui se penche sur une enclume, la fatigue aux membres, et l'homme qui se penche sur un livre, la pâleur au visage ; l'homme qui soulève la poussière des chemins, et l'homme qui remue la poussière des systèmes ; l'homme qui creuse les secrets de la nature pour en faire sortir une jouissance, et l'homme qui sonde les abîmes du vrai pour en faire jaillir un chef-d'œuvre ; l'homme qui sème dans un grain des moissons de froment, et l'homme qui sème dans une parole des générations de saints : tous portent dans l'universelle variété de leur action le poids immuable de la destinée. Et quand je leur demande quelle est avec la loi de leur vie la condition de leurs œuvres, tous se lèvent pour l'attester. Essuyant de leur main quelque chose qui tombe de leur front, et poussant un soupir unanime, ils disent : « Fils d'Adam, comme notre père « nous mangeons notre pain en le trem-

« pant dans nos sueurs; fille d'Ève, comme « notre mère nous enfantons dans la souf- « france. Et voici que tout ce que nous « produisons porte le vestige ineffaçable « de cette loi que Dieu grave au frontis- « pice de nos œuvres comme le signe de « leur perfection, et qu'il grave dans les « plis de notre front comme le sceau de la « grandeur et de la dignité humaine. »

Ainsi, et la voix de l'histoire, et la voix de la nature, et la voix de Dieu rendent un même témoignage ; elles disent : *l'homme naît pour travailler; le travail est la loi de la vie.*

Or, chers enfants, telle est la force invincible des choses : tout être se perfectionne par l'accomplissement et se corrompt par la violation de sa loi.

Voilà pourquoi l'humanité s'élève ou se dégrade, selon qu'elle accomplit ou viole la loi vitale du travail.

Lorsque le travail, réparti aux hommes dans le juste équilibre des besoins et des forces, s'accomplit dans la proportion que comporte la nature, alors la vertu, la puissance et l'ordre se rencontrent pour former par leur union la grandeur, la force et la félicité des peuples : la prospérité, l'abondance et la paix coulent à pleins bords, et Dieu, du haut du ciel, regarde avec amour cette humanité qui remplit sa fonction et accomplit sa loi. Et si ce travail humain, tempéré par la loi divine du repos réparateur, se retrempe et se purifie lui-même un jour de la semaine aux eaux sacrées de la prière, de la religion et de la piété, alors cette humanité deux fois fidèle et deux fois heureuse montre, dans un spectacle qui ravit le ciel et la terre, ce que peut pour la splendeur et la félicité des nations, l'harmonie du travail et du repos unis dans la nature humaine et consacrés par la loi de Dieu.

Au contraire, quand la violation de cette loi devient un phénomène universel, alors l'humanité en masse se pervertit et se dégrade : elle tombe au-dessous d'elle-même dans une abjection si profonde et une dégénérescence si palpable, qu'elle semble ne plus garder de la physionomie et de la dignité de l'homme que ce qu'il en faut pour attester à tout ce qui la regarde la profondeur de sa chute et l'opprobre de sa dégradation.

Voici, dans la vie de l'humanité, un fait universel, perpétuel, immense, qui jette sur cette vérité un jour éclatant, parce qu'il nous découvre dans son aboutissement suprême la tendance de l'homme à se dégrader dans la paresse ; ce fait, c'est l'état *sauvage*.

L'état sauvage, c'est l'homme descendu, l'homme dégradé. L'homme sauvage ne se perfectionne pas, il se défait ; il ne s'élève pas, il s'abaisse ; et si rien ne l'arrête sur la pente où il descend, sa vie échappe fatalement à la loi du progrès pour tomber sous la loi d'une perpétuelle décadence.

Or, chose bonne à méditer, la dégradation totale de la vie humaine coïncide, dans le sauvage, avec la suppression totale du travail ou le règne souverain de la paresse. L'humanité sauvage, c'est l'humanité qui ne travaille plus. A mesure que le travail baisse dans un peuple, la civilisation y descend du même pas ; quand il meurt tout à fait, la civilisation y périt du même coup ; et l'une et l'autre, du fond d'un même tombeau, attendent d'un même miracle une commune résurrection.

Aussi, nos apôtres, qui vont porter, dans le verbe évangélique, au sein de ces peuplades dégradées, les germes divins de la civilisation chrétienne, ne parviennent-ils jamais à vaincre l'état sauvage avant d'avoir relevé, parmi ces peuples paresseux, le règne du travail. Tant qu'ils n'ont pu retremper à ses sources vives ces natures amollies, malgré la puissance si divinement civilisatrice du christianisme, le sauvage demeure sauvage, c'est-à-dire l'homme dégradé, l'homme défait, l'homme *monstre*, offrant aux regards de l'observateur le spectacle deux fois hideux, et de la stérilité du bien, et de la fécondité du mal.

Eh bien ! chers enfants (et c'est ici que je vous demande un redoublement d'attention, parce que j'arrive à ce qui vous touche de plus près), ce fait de déchéance morale, ce fait qui vous consterne d'un légitime effroi, il se réalise aussi dans le civilisé ; il se réalise surtout dans l'enfant, selon la mesure où il repousse le travail et embrasse la paresse ; c'est la même loi s'accomplissant dans des proportions diverses. Voilà pourquoi je ne crains pas de l'affirmer : l'enfant qui, au collége, rejette de lui la loi féconde du travail, ne fait pas son éducation, mais sa dégradation. Il imite, dans une mesure relative, cette humanité que la paresse jette dans l'abjection de l'état sauvage. Au lieu de s'élever, il se dégrade. C'est qu'en violant la loi de la vie, il viole en même temps la loi de l'*éducation*.

II

Qu'y a-t-il dans l'humanité de plus grand que l'éducation de l'homme ? Qu'y a-t-il de plus précieux pour ceux qui la reçoivent ? de plus grave pour ceux qui la donnent ? Former un homme, élever pour sa fonction le roi de la création, lui faire en le touchant de son âme, de son cœur et de sa parole, une grandeur, une beauté, une physionomie digne de lui : quelle œuvre que cette œuvre !

Or, chers enfants, il faut bien entendre ici ce que j'ai dit en commençant ; cette œuvre que nous faisons pour vous et en vous, nous ne pouvons l'accomplir sans vous. Sans le travail de l'enfant, la formation de l'homme est impossible.

En vain votre vie jeune encore, comme une plante fortunée, serait plongée dans la plus riche et la plus pure atmosphère ; en vain la nature et la grâce, l'homme et

Dieu, tous les souffles de la terre et tous les souffles du ciel conspireraient pour vous féconder, vousépanouir, vous élever: s'il n'y a une action volontaire qui réponde du dedans à l'action du dehors, ni la nature ni la grâce, ni le ciel ni la terre, ni l'action divine ni la coopération humaine ne feront sans vous ce que l'éducation doit faire de vous, *des hommes*.

En effet, tout être créé a la vocation de se développer selon sa propre loi ; l'éducation de la vie se fait selon les lois de la vie, et l'éducation de l'homme n'est pas autre que l'homme lui-même se développant dans l'équilibre des lois qui régissent la nature humaine. Or, nous venons de le reconnaître, le travail est pour la nature humaine une loi radicale, souveraine, indéclinable. Il en résulte immédiatement que le perfectionnement ou l'éducation de l'homme n'est possible que dans le travail et par le travail ; en d'autres termes, sans le travail l'homme ne peut *s'élever* ; il est *imperfectible*.

Tel est le caractère original, tel le signe glorieux qui distingue la formation de l'homme de la formation des autres êtres de la création : le libre effort, le travail volontaire. Donnez à une plante son sol, son atmosphère et son soleil ; la plante croît et s'élève, son éducation est fatale, Impuissante à l'effort, la Providence lui ordonne de céder à l'action des forces qui provoquent son développement. Il en est tout autrement de l'éducation de cet être que de Maistre nommait bien la *plante humaine*. L'homme est une activité; son développement doit être actif. L'homme est une liberté ; son développement doit être libre. L'homme est un être tombé ; son développement doit être laborieux ; il ne s'élève que par l'effort. A son développement normal sa nature fait obstacle ; il faut qu'il brise par son énergie cet obstacle à sa légitime croissance ; il faut qu'il porte dans un sillon douloureux la trace du travail qui l'a touché, ou plutôt dont il s'est touché lui-même, pour coopérer dans la formation de sa vie à l'action du Créateur. L'homme est le chef-d'œuvre de Dieu ; mais à l'achèvement de ce chef-d'œuvre l'homme doit concourir. Mieux que ses propres œuvres l'homme s'achève et se parfait lui-même. Il faut qu'il demande à son propre labeur le sceau de sa propre perfection ; et qu'à force de se sculpter, de se châtier, de se travailler lui-même, il mérite aux jours de sa jeunesse l'honneur de sa virilité. Sans ce travail personnel, par lequel l'enfant se façonne et se forme lui-même, son éducation ne se fait pas, elle se défait ; il ne s'élève pas, il descend ; il descend par l'intelligence, il descend par la volonté, il descend par le cœur, et sous ce triple rapport, consomme en lui-même, par une paresse qui le déshonore et le déshérite de sa propre dignité, la déchéance de l'homme.

C'est par le développement expansif, ascensionnel et harmonieux de l'esprit, de la volonté et du cœur, que l'éducation se fait, et que l'enfant s'étend à la mesure et monte à la hauteur de l'homme.

Or, je le demande à quiconque a mis la main à cette œuvre difficile, la formation de l'homme : sans le travail spontané de l'enfant, sans la gymnastique volontaire de ces grandes facultés, que deviennent l'intelligence, la volonté et le cœur, ces trois rameaux de la vie morale, par lesquels l'homme doit croître, se fortifier, s'épanouir, et comme un arbre bien élevé se couvrir de son feuillage, de ses fleurs et de ses fruits ?

Et d'abord, si je ne considérais qu'au point de vue de l'instruction le développement de l'esprit, je pourrais demander : que devient, sans le travail de l'enfant, l'intelligence ? L'intelligence, ce rayon de Dieu dans l'homme, cette face angélique de la nature humaine ; l'intelligence que l'enfant a reçue pour regarder au firmament des idées, comme il a reçu des yeux pour regarder au firmament des étoiles ; l'intelligence que Dieu a faite pour monter plus haut que tous les cieux, s'étendre plus loin que tous les mondes, briller plus radieuse que tous les soleils, que devient-elle, je vous prie, lorsque l'enfant paresseux comme un lâche soldat, jette découragé, l'arme puissante du travail ? Elle se fait, par la force des choses, étroite, superficielle, obscure ; elle ne s'agrandit pas, elle s'amoindrit ; elle voltige aux surfaces, elle ne va pas aux profondeurs ; elle a des lueurs fugitives ; elle n'a pas ces illuminations permanentes qui donnent à l'âme de voir la vérité, comme nos yeux voient la splendeur du jour ; elle perd son étendue, sa profondeur, ses clartés, c'est-à-dire les conditions d'un vrai savoir.

Il ne faut pas s'en étonner : la science est une victoire ; l'intelligence est une conquérante, l'étude est son combat, et le travail, son arme nécessaire. C'est la loi inévitable du développement de l'esprit ; et c'est le devoir d'une parole dévouée de faire tomber ici devant le regard de la réalité une illusion trop commune à votre âge.

La jeunesse, qui a reçu des dons précieux, est accessible à une séduction aussi désastreuse qu'elle est facile : croire à la toute-puissance du talent. Le jeune homme qui sent se remuer en lui un peu de cette sève humaine qui constitue le talent si ce n'est le génie, se plaît à supposer à sa nature heureuse une fécondité sans douleur. Il lui semble qu'avec cette vie qui surabonde, il n'aura plus tard qu'à toucher du doigt ce front qui porte la pensée pour en faire jaillir des prodiges. L'expérience vient trop tard faire tomber ces illusions superbes où se berçait mollement une jeunesse présomptueuse. Ces génies fortunés, dont le premier épanouissement semblait verser tant de trésors, aboutissent à des désenchantements pleins d'une irrémédiable tristesse. Et ces jeunes gens, dont le printemps si riche de fleurs promettait une maturité si chargée de fruits, presque toujours trompant la famille, la société, et eux-mêmes encore plus, font de leurs ignorances une insulte à leurs talents, et des réalités de leur vie une dérision de toutes leurs espérances,

C'est que si la séve est la condition de la fécondité, ce n'est pas la fécondité elle-même. Dieu la verse dans l'homme, mais l'homme a la vocation de la rendre féconde. Le talent est l'instrument de la science; il n'est pas la science elle-même. Dieu le donne à l'homme ; mais l'homme a le devoir de lui ouvrir par l'effort les routes glorieuses du savoir. En vain la nature vous fut prodigue : si vous ne travaillez, vous ne serez jamais de véritables savants. Une science vaste, lumineuse et profonde, sans un travail opiniâtre, est un phénomène qui ne s'est jamais vu. L'homme ne sait que ce qu'il retient ; il ne retient que ce qu'il apprend, et il n'apprend que ce qu'il saisit, c'est-à-dire ce qu'il emporte de force par le travail de sa pensée ; et c'est là, si je ne me trompe, le sens philosophique de ce mot simple et profond : *Apprendre.*

Mais je ne considère pas le travail au point de vue spécial de l'instruction, je le considère surtout dans ses rapports avec l'éducation.

Le travail dans l'éducation doit faire mieux que des *savants*, il doit faire des *hommes*. Aussi la plus profonde blessure que fait à un enfant, sous le rapport du développement de l'esprit, l'absence du travail, ce n'est pas l'ignorance, c'est l'*imprévoyance ;* ce n'est pas l'impuissance de *savoir*, c'est l'impuissance de *prévoir*. Là est le signe infaillible de sa dégradation morale, et son premier trait de ressemblance avec l'humanité sauvage.

Que fait au désert cet enfant robuste, mais difforme, qu'on appelle *sauvage ?* Mollement étendu sous l'arbre qui se penche pour lui donner son aliment, il cueille, pour apaiser le désir, le fruit qui descend dans sa main ; et quand passe sur lui un premier souffle d'hiver, il coupe l'arbre pour se réchauffer. Allez trouver ce déshabitué du travail ; dites-lui que de la terre remuée par ses mains la moisson peut sortir; et pour ouvrir les premiers sillons, donnez-lui tout ensemble le bœuf et la charrue : que fait l'homme sauvage? *Il tue le bœuf,* dit de Maistre, *pour en manger la chair; et il brûle, pour la faire cuire, le bois de la charrue ;* il est *imprévoyant.* Le moment où il vit est pour lui toute la durée ; prisonnier du temps, il s'arrête là, absorbé dans son présent, entre la minute qui fuit et la minute qui vient, et dans chacun de ses jours il dévore son lendemain.

Chose remarquable, cette *imprévoyance,* qui caractérise dans cet être dégradé l'abaissement de la pensée, on la retrouve au sein même de la civilisation, dans l'homme qui ne travaille pas; elle est surtout remarquable aux jours de l'éducation dans l'enfant paresseux.

Regardez au pensionnat l'enfant atteint profondément de ce mal désastreux. Quelle imprévoyance de l'avenir ! quelle insouciance de la destinée ! quel oubli de ses plus légitimes espérances ? Dites-lui qu'il détruit dans son printemps les fruits de sa maturité ; dites-lui que, s'il continue, sa vie plus tard sera telle qu'il l'aura voulue : la stérilité, l'impuissance, le néant !... Et pour mieux éveiller sa pensée, faites appel à l'amour ; prenez des accents qui frappent à son cœur ; parlez-lui de son père, parlez-lui de sa mère. Dites-lui qu'au lieu de se faire une vie qui soit un jour pour son père une couronne d'honneur et pour sa mère une couronne de joie, il prépare pour l'un des humiliations, et pour l'autre des tristesses qui rejailliront sur lui-même en douleurs et en mépris. Dites-lui enfin de ces mots qui devraient armer d'une invincible énergie l'âme et le cœur de tout fils généreux : « Enfant, si tu ne travailles tu feras rougir « ton père ; enfant, si tu ne travailles, tu « feras pleurer ta mère. » Il ne vous comprend pas : pour lui le présent est tout, l'avenir, rien. Il veut jouir sans travailler, ou ne travailler que pour jouir. Il cueille, lui aussi, sans souci de l'avenir, le fruit que son présent fait descendre dans sa main : *il est imprévoyant.*

Ainsi l'enfant paresseux porte, dans cette double dégradation de l'intelligence, l'impuissance de *savoir* et surtout l'impuissance de *prévoir*, le signe visible de sa propre déchéance.

Mais il y a une déchéance plus grande que produit inévitablement dans l'homme le règne de la paresse : c'est la déchéance de la *volonté.*

Ce qui fait l'homme par-dessus tout, c'est la force de la volonté : là est son énergie vraiment originale. La volonté, c'est la grande puissance virile; la volonté, c'est la royauté de l'homme; la volonté, c'est l'homme même ; et saint Augustin, dont le génie faisait bien les noms, parce qu'il pénétrait bien les choses, n'a pas craint de dire : *Les hommes sont des volontés;* comme si tout l'homme se résumait dans son vouloir. C'est qu'en effet, c'est par là que les hommes se mesurent. L'histoire a prouvé que, dans les événements où se décident les destinées des peuples, les hommes pèsent par-dessus tout du poids de leur volonté, et l'humanité dit en applaudissant au triomphe de leur vouloir libérateur : « Ce sont des hommes ; ils « sont de la race de ceux qui dans tous les « temps ont sauvé Israël (1). »

Cette notion de l'homme une fois acceptée, et elle est irrécusable, le plus grand probléme pratique que nous avons à résoudre dans l'éducation qui a pour but de former des hommes, est celui-ci : Trouver le secret de faire à l'enfant qui doit devenir un homme, un robuste vouloir, une volonté vraiment *virile*.

Or, sans le travail, que doit devenir dans l'enfant cette volonté, sublime vassale de Dieu dans le gouvernement de l'homme ; cette volonté qui semble commander au ciel et à la terre; cette volonté qui s'ouvre, fière et triomphante, un pas-

(1) De semine virorum illorum, per quos salus facta est in Israel. I, Mach, c. v, 62.

sage glorieux à travers tous les obstacles que la nature oppose à ses conquêtes; cette volonté enfin, qui est reine dans l'homme, comme l'homme lui-même est roi dans l'univers, que devient-elle, dans l'éducation même la plus généreuse, sans le travail de l'enfant ? Ah ! je vais vous le dire : cette volonté s'affaiblit, s'énerve et s'anéantit de jour en jour. Et ce qui reste à cet enfant pour donner l'impulsion à ses actes et le mouvement à toute sa vie, ce n'est plus la volonté, c'est un simulacre, une ombre d'elle-même, un je ne sais quoi qui semble vouloir encore, et qui ne veut plus réellement; et pour parler la langue de l'Écriture, qui veut et ne veut pas, *vult et non vult piger;* volonté qu'une minute voit naître, et qu'une minute voit mourir, parce qu'elle se détruit à mesure qu'elle se forme; qui traîne ses œuvres tronquées et son énergie languissante, comme un serpent, affaibli par sa blessure, ses tronçons mutilés; volonté impuissante, gardant à peine la force de concevoir des désirs; et quels désirs? Inutiles désirs, condamnés par la paresse à d'inévitables avortements, stériles pour les autres, désastreux pour lui-même, qui ne donnent la vie à personne, et donnent la mort au paresseux. *Desideria occidunt pigrum.*

Alors, d'un enfant dont le vouloir est tombé là, n'attendez rien; non, n'attendez rien, car, j'en jure par la vérité, il ne fera rien.

Pour faire quelque chose, il faut de l'intrépidité; il faut oser se prendre à l'obstacle. Le paresseux a peur; le paresseux n'ose pas, il dit: *Le lion est au chemin; là-bas, là-bas, la lionne est dans les sentiers.* Son imagination peuple de fantômes les routes de la vérité et les sentiers du bien, il se dit: *Demeurons,* et il demeure; *arrêtons-nous,* et il s'arrête.

Pour faire quelque chose, il faut de l'énergie; le paresseux manque d'énergie; la paresse souffle dans ses membres je ne sais quelle torpeur, quel engourdissement, quel sommeil. *Pigredo immittit so-*

porem. Ses deux mains pendent à ses côtés ; rebelles à l'action, elles ne veulent rien faire. *Manus ejus remissæ noluerunt quidquam operari.*

Pour faire quelque chose il faut de la constance ; l'enfant qui ne travaille pas, est un être inconstant. J'ai vu le jeune homme de seize ans, déchu de son vouloir au point de ne pouvoir assurer à la résolution du travail une perpétuité de trois jours. Ah ! c'est que si le paresseux peut encore déployer la force, il ne peut la perpétuer. Si par un premier miracle il a osé, si par un second miracle il a commencé, il est un troisième miracle qu'il n'accomplira pas ; *finir*. Il a pu dire *j'ai osé ;* il a pu dire *j'ai entrepris* ; il ne dira jamais *j'ai fini*. Il n'achèvera jamais rien. Donc, jamais il n'ornera sa royauté de la splendeur de ses œuvres. Que dis-je? cette royauté ne lui reste plus même ; elle tombe et s'évanouit avec sa volonté elle-même. La révolte contre la souveraineté du travail consomme en lui la déchéance de sa propre souveraineté. Il a jeté sa couronne, il a brisé son sceptre, il a abdiqué dans la paresse le plus grand honneur de l'homme, et sa plus grande majesté : se commander à soi-même, vaincre d'une volonté souveraine l'obstacle à son action royale : et il est tombé là, dans l'impuissance de vouloir, montrant dans cette impuissance même le second signe de la dégradation que réalise en lui le mépris du travail.

Au contraire, l'enfant qui travaille se fait à lui-même une puissance, une majesté, une royauté qui grandit chaque jour, parce qu'il se fait un vouloir qui se fortifie sans cesse. La difficulté étant, comme nous l'avons dit, de l'essence du travail, chaque fois qu'il travaille, il renverse un obstacle et remporte une victoire. L'habitude généreuse de se vaincre lui-même le rend plus fort que tout ce qui n'est pas de lui. Il se fortifie de toute difficulté vaincue ; il s'élève de tout obstacle abaissé ; il dit avec une énergie que rien n'arrête : *Je veux !...* et la nature soumise lui fait de ses barrières aplanies une route triomphale. Il a trempé sa volonté aux eaux généreuses du travail, il a bu au torrent de la souffrance ; il lèvera la tête et il marchera de victoire en victoire.

Si telle est l'influence qu'exerce le travail sur le développement de l'intelligence et de la volonté, que dirons-nous de l'action qu'il exerce sur la formation du *cœur ?*

Le cœur ! il faut bien en parler toujours quand il s'agit d'éducation. Le cœur est le centre de la vie ; et dans l'homme, comme dans tout être qui peut grandir et se développer, c'est du centre que l'épanouissement se fait. Toute éducation qui ne touche pas au cœur est une éducation radicalement vicieuse : la formation du cœur, c'est le chef-d'œuvre de l'éducation.

L'éducation qui comprend l'homme et sa destinée veille auprès du cœur de l'enfant comme le prêtre auprès du tabernacle; ce n'est pas assez, elle y entre, et là, sous le regard de Dieu, elle féconde tout ce que sa main a semé de plus grand, de plus pur, de plus suave, de plus fort et de plus saint aux profondeurs de l'homme.

Eh bien ! je le demande, et je le demande avec une sympathique inquiétude, le cœur, cette chose si délicate, si profonde et si forte, le cœur qui verse avec son amour des fleuves de bienfaits, des flots de poésie, ou des torrents d'éloquence, le cœur qui, dans son premier développement, s'ouvre comme la plus belle fleur que Dieu ait plantée sur la terre ; oh ! qui nous dira ce qu'il devient quand la paresse, qui flétrit et déshonore tout ce qu'elle touche, lui a fait, à lui aussi, d'irréparables outrages ?

Hélas, ce cœur dont la loi était de s'épanouir dans l'amour, va se retirer dans l'égoïsme, et fermer avec lui-même la source profonde de l'éducation. J'ai touché de mon cœur au cœur des jeunes gens ; j'y ai senti avec des larmes la plaie de la paresse, et dans cette plaie, le véritable ver rongeur de l'éducation.

L'éducation doit être avant tout la tradition du dévouement, l'exercice de la générosité, l'initiation au sacrifice; or, c'est une vérité d'universelle observation, la paresse tue dans le cœur de l'enfant les instincts généreux du dévouement et du sacrifice. A mesure qu'il perd l'habitude de se surmonter lui-même par un travail spontané, il se fait de plus en plus égoïste et personnel. L'égoïsme et la paresse se tiennent par des alliances intimes : l'un est la peur de se toucher, l'autre la peur de se vaincre ; et dès lors, quoi d'étonnant que le paresseux soit égoïste ? Autre trait de ressemblance avec l'humanité sauvage: frappé dans son intelligence de l'impuissance de prévoir, dans sa volonté de l'impuissance de vouloir, il est frappé dans son cœur de je ne sais quelle impuissance d'*aimer*.

Regardez-le bien, cet enfant dont la paresse a développé les instincts égoïstes, et apprenez à le connaître : qu'aime-t-il réellement, je vous prie ? Rien, si ce n'est lui et tout ce qui se rapporte à lui. Il comprend l'amour comme un instinct, non comme un devoir ; comme une satisfaction, non comme un dévouement ; et au fond de ses affections qui semblent les plus légitimes et les plus désintéressés, j'aperçois une chose qui domine tout, qui concentre tout, je devrais plutôt dire, qui corrompt tout : l'amour de lui-même.

Alors, ne cherchez plus en lui tout ce qui est tendre, expansif, généreux. Cet enfant, si mou de volonté, devient âpre de cœur ; il perd ces incomparables suavités qui sont au cœur de l'enfance comme des gouttes de rosée à une fleur du printemps ; il ne sait plus verser ce qu'un auteur a bien nommé les *délicieuses larmes de l'attendrissement*. Son cœur perd jusqu'au parfum des filiales tendresses, et on le trouve insensible à ce bonheur à nul autre pareil : voir son père et sa mère pleurer de joie sur ses vertus, ses travaux, ses triomphes. Impuissant à vaincre les attractions égoïstes qui le ramènent sur lui-même, il ne sait plus sortir de lui ; il s'enferme dans le moi avec ses joies personnelles et son bonheur solitaire ; et il se fait comme le moi, petit, étroit et ravalé. Comme il perd la suavité, il perd l'expansion. Il perd l'élévation aussi. Il ne connaît ni le besoin du sacrifice, ni la passion de l'héroïsme, ni l'enthousiasme des grandes choses ; c'est-à-dire tout ce qui, en élevant le cœur, prépare les hommes illustres et les grandes existences. Et à la place de tout cela, que reste-t-il ? Rien si ce n'est le désir de la satisfaction, l'ambition de l'amusement, la passion de la jouissance ; c'est-à-dire le moi et toujours le moi posé et comme but et centre de toute chose.

Aussi de cette vie du cœur si exubérante et si riche, que va-t-il advenir ? Retirée sur elle-même dans un égoïsme misérable, elle va se consumer avec sa propre séve dans une stérilité qui mentira aux desseins du ciel et aux espérances de la terre.

Encore si la stérilité marquait le terme

de ses maux ; mais non, la paresse pousse plus loin le ravage du cœur. Cette vie, dont le besoin invincible est de se répandre, prendra son cours ; mais n'ayant pas la force de monter, elle descendra ; elle ira, suivant sa pente, se dissiper au souffle des plaisirs, se jeter au courant des passions. A ce flot de la vie qui remue le cœur du jeune homme et semble soulever sa poitrine, il faut une issue : légitime ou illégitime, il en faut une ; car le cœur est comme une source, il a besoin de se verser. N'ayant pas été contenu dans ses légitimes sentiers par de virils efforts, son amour va se répandre en ravages au lieu de se verser en bienfaits : il ira porter la mort où il devait porter la vie ; et il montrera dans des désordres pleins d'opprobres et des désastres pleins de larmes ce que peut dans le cœur d'un homme le règne des passions.

Le cœur, en effet, c'est la demeure, le foyer et la vie des passions. Là, donc, est ramenée pour vous cette grande question de l'éducation, qui est aussi la question de toute la vie. Si vous ne prenez au collége les habitudes austères du travail et de la discipline, saurez-vous garder votre cœur? saurez-vous vaincre vos passions ? Et si le cœur n'est gardé, si les passions ne sont vaincues, qu'adviendra-t-il de vous?

A cette question, je ne crains pas de répondre : non, si vous ne travaillez, vous ne vaincrez pas vos passions. Comment, sans des miracles que vous n'avez pas le droit d'attendre, pourriez-vous triompher dans cette lutte formidable? Ah! les passions sont puissantes, plus puissantes qu'on ne peut dire ; et pour lutter contre elles, quelle puissance avez-vous? Une âme qui ne sait rien prévoir, une volonté qui ne sait plus vouloir, un cœur qui ne sait se contenir ; et vous compteriez sur la victoire? Quoi! vous n'avez pu vaincre par un effort vulgaire l'obstacle du dehors, et vous trouveriez pour vaincre dans ces luttes du dedans le secret des efforts héroïques? Quoi! quand il ne s'agissait que de graver la pensée dans une parole, l'image dans une métaphore, la vérité dans un discours, vous avez dit : *impossible !* Qu'est-ce, lorsqu'il faudra travailler sur votre cœur ému et sur votre âme tressaillante ? Qu'est-ce, lorsqu'il faudra en arracher violemment ces racines mauvaises auxquelles vous ne pouvez toucher sans exciter au plus profond de vous-même les palpitations d'une vie qui crie de sa blessure ? Qu'est-ce, lorsqu'il faudra ouvrir dans votre propre cœur ces sillons cent fois douloureux pour y jeter, arrosés de vos larmes, les germes de ces vertus qui ne croissent que sur les débris du mal et sur la ruine des passions ?

Chers enfants ! ce qui doit se faire se fera. Un jour, dans le jeune homme qui a répudié le travail les passions triompheront. Et après l'avoir vaincu, où l'emporteront-elles ?... Ah ! la question me fait trembler, et je n'ose plus me répondre à moi-même. Le démon de la volupté le marquera-t-il de son signe ?... Je l'ignore, mais ce que je sais bien, c'est que la pureté sans tache au sein de la paresse est un miracle dans le monde moral ; ce que je sais bien, c'est que des trois grandes iniquités qui firent tomber le feu vengeur sur des cités coupables de crimes abominables, la première se nommait l'orgueil, la seconde la gourmandise, et la troisième l'oisiveté : *Superbia, saturitas panis et otium ! ! !...*

Voilà la formation de l'homme sans le travail de l'enfant : vous le voyez, ce n'est plus l'éducation, c'est la dégradation ; ce n'est plus l'élévation de l'homme, c'est sa déchéance.

Le voilà tel que la paresse l'a fait : il est ignorant, borné, imprévoyant, lâche, mou, indifférent, indiscipliné, sensuel, orgueilleux, personnel, égoïste ; il n'est pas élevé; ce n'est pas un homme !

Vous avez contemplé tout à l'heure l'humanité châtiée de la violation de sa loi par l'abjection de l'état sauvage. Voici l'enfant, à force de paresse, s'infligeant à lui-même un châtiment analogue. Comme l'enfant du désert, il *penche par tous ses penchants* vers une dégradation pareille ; et n'était le milieu qui le retient et l'empêche de tomber plus bas, vous diriez le sauvage portant la robe du civilisé. Pareil à ce champ du paresseux couvert d'herbes mauvaises et de plantes malsaines, il offre, lui aussi, le spectacle deux fois hideux de la stérilité du bien et de la fécondité du mal.

Que sera cet enfant? Un fardeau pour lui-même, un déshonneur pour la famille, une menace pour la société, peut-être un fléau pour l'humanité !...

Écartons ces lugubres images et ces sinistres prévisions. Regardez : voici l'enfant qui a travaillé; il a fécondé son intelligence, affermi sa volonté et contenu son cœur. Habitué par le travail à une mâle résistance et à de chastes efforts, il a défendu sa vie contre les charmes du plaisir et les enivrements de la volupté. Cette vie monte au lieu de descendre, et ne se répand sur les hommes que pour les embaumer de ses parfums et les couvrir de ses dons. L'intelligence, la volonté et le cœur ont en lui leur développement harmonieux. Le cœur a mis sur son front sa grâce, la volonté sa force, l'intelligence sa majesté ; et de ce triple rayonnement il se forme une beauté incomparable, beauté vraiment royale, qui annonce le roi de la création et efface de son éclat toute beauté créée. Il est plus beau que tous les spectacles des cieux, plus beau que tous les sourires de la nature, plus beau que toutes les beautés que Dieu fait reluire sur la terre ; et dans l'épanouissement de sa beauté virile, il peut dire : « J'ai travaillé, « j'ai fait mon éducation, je suis un « homme. »

Oui, cet enfant développé, élevé, formé par son travail, il est l'*homme*, c'est-à-dire le plus splendide rejaillissement de la force, de la grandeur et de la suavité divine. Couvert des bienfaits de la terre et du ciel, cultivé par le sacrifice, fortifié par ses efforts et fécondé par ses douleurs, cet enfant, *c'est le chef-d'œuvre de Dieu!...*

Ce chef-d'œuvre de Dieu, jeunes gens, ce sera vous, oui, vous-mêmes, si vous savez joindre à l'action de Dieu et au dévouement de l'homme la coopération énergique de votre propre travail.

Donc, chers enfants (c'est la conclusion de ce discours), travaillez, si vous voulez emporter ici, dans sa beauté sans tache et sa virginale intégrité, ce trésor incomparable de votre éducation, et montrer sur votre front le signe des races viriles et des générations bien élevées.

Travaillez, si vous voulez porter noblement la dignité de l'homme en accomplissant dans sa plénitude la loi de votre vie, et faire dire à ceux qui vous verront : *Ce sont des hommes.*

Travaillez, si vous ne voulez, en étouffant dans l'enfance les germes de votre virilité, condamner tant de sacrifices à la stérilité et tant d'apôtres à la douleur.

Mais pour obtenir de vous, avec la résolution du travail, tout le fruit de ce discours, je veux évoquer un nom plus fort que toute raison, plus éloquent que toute parole ; je veux vous dire en finissant : Enfants, songez à votre mère.

Ah ! si son cœur pouvait dire ici tout haut ce que tant de fois il a murmuré tout bas ! Comme vous seriez émus aux cris de cette maternelle éloquence, alors qu'elle vous dirait avec cet accent que nous ne pouvons pas même imiter : « Mon fils, « ma douleur t'a mis au monde, mais mon « enfantement n'est pas fini ; il se fait tous « les jours, et c'est dans la douleur en- « core. Cet enfantement nouveau, encore « plus douloureux que le premier, c'est « ton éducation. Puisque seul ton travail « peut achever tout à fait ce second en- « fantement, travaille, cher enfant ! Et si « quelquefois, dans ce rude labeur, ton « courage vient à faillir, pour te rendre « la force et te donner du cœur, songe à « ta mère ; souviens-toi que ton travail « c'est mon espoir, que ton travail c'est

« ma gloire; que ton travail c'est ma joie, « que ton travail c'est mon bonheur. S'il « est pour toi la souffrance, souviens-toi « que tu es toi-même le fils de mes dou- « leurs, et que pour te bien élever je « souffre une seconde fois !... »

Chers enfants, je sens mon cœur s'attendrir avec les vôtres. On ne résiste pas à sa mère : il faut céder à l'éloquence de l'amour.

Jurez tous sur vos cœurs émus d'acheter au prix du travail, et, s'il le faut, au prix de la souffrance, cette joie de votre mère et ce trésor de votre vie.

Et vous, jeunes vainqueurs, vous dont le courage a préparé le triomphe, venez cueillir dans votre propre joie ce premier fruit d'un travail douloureux, en moissonnant ces palmes qui ont germé sous vos sueurs. Et après avoir, dans son temple, rendu gloire à Jésus-Christ en jetant vos couronnes aux pieds de sa divinité, allez au foyer domestique, réjouissant la tendresse et l'amour, montrer vos prix aux regards de la paternité. Allez faire de votre triomphe du collége une fête dans la famille ; et après le rude labeur d'une année, goûtez le bonheur filial de vous reposer sous les bénédictions de votre père et les sourires de votre mère.

Mais que ce repos mérité ne soit qu'une préparation à des labeurs plus grands encore ; et n'oubliez pas qu'au ciel comme sur la terre le travail seul est couronné !

ABBEVILLE. — TYP. ET STÉR. GUSTAVE RETAUX.

www.ingramcontent.com/pod-product-compliance
Lightning Source LLC
Chambersburg PA
CBHW070933280326
41934CB00009B/1851

* 9 7 8 2 0 1 3 2 8 3 3 0 4 *